AF265697

CAISSE
DES DÉPÔTS
ET CONSIGNATIONS

3ᵉ DIVISION.

1ᵉʳ BUREAU.

CAISSE NATIONALE
DES RETRAITES
POUR
LA VIEILLESSE.

CIRCULAIRE

N° 21 de l'Administration.
N° 6 de la Division.

OBJET.
§ 1ᵉʳ.
Instructions complémentaires sur le service du payement des arrérages de rentes viagères.

Paris, le 1ᵉʳ juillet 1885.

MONSIEUR,

La situation des arrérages de rentes viagères pour la vieillesse est définitivement arrêtée aujourd'hui en ce qui concerne les opérations antérieures au 1ᵉʳ janvier 1884, date de la prise de possession du service par la Caisse des dépôts et consignations. Je vous remercie de l'empressement que vous avez mis à me fournir les renseignements qui m'étaient nécessaires pour arriver à ce résultat. Il importe maintenant d'assurer l'exactitude des situations que vous aurez à m'adresser à l'avenir. Je vous prescris ci-après, dans ce but, certaines mesures dont l'examen des états de restes que vous m'avez fournis m'a démontré la nécessité. Je vous trace en outre, pour les demandes de payement d'arrérages de rentes ordonnancées dans un autre département, de nouvelles règles afin d'accélérer le payement de ces arrérages et de simplifier les opérations auxquelles il donne lieu.

Par suite de ces dispositions, les prescriptions de la circulaire du 31 mars 1884 sont désormais sans objet. Il vous suffira donc à l'avenir de consulter la présente circulaire et celle du 31 août 1884, pour connaître toutes les règles applicables au service du payement des rentes viagères de la Caisse nationale des retraites pour la vieillesse.

I. Instructions complémentaires pour l'établissement des états de restes et des situations mensuelles.

§ 2.
Carnet d'arrérages de rentes.

Pour assurer la régularité complète des opérations, il sera nécessaire de tenir un carnet des arrérages de rentes établi conformément au modèle ci-joint (n° 1). Ce carnet sera divisé en trois parties : 1° Ordonnancements, 2° Annulations, 3° Payements.

La première partie comprendra le montant des rappels d'arrérages qui devra toujours figurer dans la colonne n° 3; le montant de chaque échéance trimestrielle, tel qu'il résulte des bordereaux récapitulatifs qui vous sont transmis; enfin les réordonnancements, ou rétablissements, etc.

1

A MM. les Trésoriers-Payeurs généraux et Receveurs particuliers des finances.

Dans la deuxième partie devront figurer les annulations de crédit provenant de prescriptions triennales, d'extinctions définitives, de rectifications, ou de payements que vous aurez autorisé vos collègues à faire, en vertu de demandes régulières. (Voir le chapitre III ci-après.)

Enfin dans la troisième partie vous inscrirez le total des bordereaux que vous me transmettez chaque dizaine, en tenant compte des rectifications opérées d'office dans mes bureaux et qui vous seront signalées par mon administration, ainsi que des rejets qui vous seront notifiés.

La première partie sera totalisée chaque mois, et vous déduirez de ce total d'abord les annulations d'ordonnancements, puis les payements.

Les colonnes 4 à 10 indiqueront ainsi distinctement les arrérages restant à payer sur l'année courante et sur les années antérieures. Quant à la colonne n° 3, elle comprendra à la fois le solde des rappels ordonnancés dans les années précédentes et celui des rappels ordonnancés dans l'année courante.

La division de ces deux soldes entraînerait des complications qu'il me paraît préférable d'éviter. Cette division n'a d'ailleurs d'intérêt que pour la vérification de l'état de restes à établir à la date du 31 août de chaque année, et il sera facile d'y suppléer et de s'assurer de l'exactitude des renseignements consignés dans la colonne 4 de cet état, en ajoutant aux rappels non payés des années antérieures les sommes qui, d'après le registre permanent, restent dues sur les rappels de l'année courante.

§ 3.
Indications à reproduire sur la situation mensuelle.

Les indications figurant au carnet devront être reproduites sur la situation mensuelle prescrite par le paragraphe 4 de la circulaire du 31 août 1884, et qui sera établie conformément au modèle n° 2 ci-joint.

Cependant ce modèle ne sera employé qu'à partir du 1er septembre 1885, et jusqu'à cette date, vous continuerez à me fournir des situations conformes à l'ancienne formule, ce qui vous permettra d'épuiser l'approvisionnement que vous pourriez avoir en magasin.

Lorsque les états de restes établis à cette époque auront été vérifiés par mon administration, je vous ferai connaître la répartition du solde entre les diverses colonnes; mais afin que vous puissiez suivre, à partir de ce moment, tous les mouvements relatifs aux rappels d'arrérages, aux années antérieures et à l'année courante, je vous recommande d'inscrire très exactement, dès à présent, dans les colonnes de votre carnet, toutes les opérations effectuées depuis le 1er janvier 1885.

§ 4.
Nouvelles règles concernant l'envoi des certificats de décès des rentiers.

D'après l'usage suivi par la direction de la Dette inscrite, les crédits accordés entre la date de décès du rentier et celle de la déduction de la rente sur votre registre permanent ont été jusqu'à présent conservés par vous et ne disparaissaient que par suite de la prescription quinquennale. Il m'a semblé qu'il y aurait avantage à annuler plus tôt ces ordonnancements qui encombrent le registre permanent et compliquent beaucoup l'établissement des états de restes, ainsi que j'ai pu m'en assurer par l'examen de ceux que vous m'avez transmis.

Les certificats établis suivant les formules en usage me seront en conséquence adressés à l'avenir en un seul envoi, du 1er au 5 du dernier mois de chaque échéance, soit les 5 février, 5 mai, 5 août et 5 novembre au plus tard. Ils seront accompagnés d'une lettre d'avis conforme au modèle n° 3 ci-joint. Le montant du trimestre dans lequel aura lieu le décès devra être conservé en entier par vous, ainsi que les trimestres antérieurs non payés. Quant aux trimestres postérieurs jusques et y compris celui de l'échéance qui suivra la *production* du certificat de décès, ils devront être inscrits dans le cadre préparé à cet effet sur la lettre précitée. Les cases correspondantes seront biffées sur le registre permanent.

Lorsque j'aurai reconnu l'exactitude des renseignements indiqués sur ladite lettre, j'aurai soin de vous en informer, et le montant en sera porté, à titre d'annulations, sur le carnet et sur la situation du mois correspondant.

En principe, les certificats de décès doivent m'être adressés par votre entremise. Dans le cas où ces pièces me seraient transmises directement par les maires ou les notaires, je vous ferai connaître le montant des annulations à opérer de ce chef.

Quant aux arrérages afférents aux certificats de décès que vous m'avez transmis depuis le 1er mars 1884 jusqu'à ce jour, vous pourrez les annuler d'office sur la situation du mois d'août prochain, en même temps que vous établirez l'état de restes à payer sur les années 1884 et antérieures. Une liste détaillée de ces annulations devra être jointe à cet état.

§ 5.
Mesure transitoire en ce qui concerne l'année 1884.

Lorsque les héritiers d'un rentier réclameront le payement des arrérages dus, vous établirez le décompte de ces arrérages ; l'annulation de la partie non payable *sur le trimestre du décès seulement* sera constatée dans la colonne n° 15 du bordereau n° 4 ci-joint.

Le montant de ces annulations sera porté chaque dizaine à la deuxième partie du carnet et dans la colonne correspondant à l'année ou au trimestre.

Le payement devra être constaté sur le titre par l'apposition de l'estampille et l'indication de la somme payée et de celle annulée. Dans le cas où l'extrait d'inscription ne pourrait être représenté, l'apposition de l'estampille serait faite sur la déclaration de perte produite.

§ 6.
Règles à suivre pour le payement des prorata d'arrérages dus au décès.

Pour l'établissement du décompte des arrérages dus sur le trimestre de décès, tous les mois doivent être comptés de 30 jours, et le jour du décès doit être compris dans le calcul. Le nombre de jours ainsi obtenu est multiplié par le montant du trimestre et le produit divisé par 90. Le résultat de la division est calculé jusqu'au deuxième chiffre décimal ; toute fraction de centimes est négligée.

§ 7.
Mode de calcul du décompte.

§ 8.
Payement, par virement, d'arrérages dus au décès d'un rentier.

La marche que je viens de vous tracer dans le paragraphe 6 ci-dessus sera un peu modifiée lorsque le payement du prorata devra avoir lieu par virement. (Voir le chapitre III ci-après.)

Dans ce cas, le Trésorier général qui fera le payement recevra de son collègue les arrérages ordonnancés jusques et y compris le trimestre du décès dont la date devra être indiquée sur la demande de payement, et il fera figurer sur le bordereau spécial (modèle n° 4) la portion non payable sur ce trimestre.

Quant aux ordonnancements postérieurs au trimestre du décès, ils seront annulés, s'il y a lieu, par le Trésorier-Payeur général qui les aura reçus primitivement; ils figureront, à ce titre, sur la lettre d'avis trimestrielle (modèle n° 3 de la présente circulaire).

§ 9.
Justifications à produire par les héritiers pour obtenir le payement des arrérages dus au décès d'un rentier.

Vous trouverez imprimée ci-après (annexe A) une note qui a pour objet de faire connaître les pièces à produire en cas de remboursement de capital ou de liquidation des arrérages dus au décès. Un grand nombre d'héritiers réclamant simultanément le payement de ces deux sommes, il m'a paru utile de vous faire connaître ces dispositions qui complètent, sur plusieurs points, celles contenues dans l'Instruction générale du 1er août 1877 (articles 100 à 112) et dans le paragraphe 9 de la circulaire du 31 août 1884.

§ 10.
Établissement facultatif de bulletins mobiles.

Plusieurs comptables m'ont demandé s'il n'y aurait pas lieu de créer pour le service des rentes viagères de la vieillesse des bulletins mobiles analogues à ceux qui existent pour les rentes perpétuelles nominatives.

Les motifs qui ont fait établir ces bulletins pour le service du Trésor ne me semblent pas applicables à la Caisse des dépôts.

Mais je reconnais que, dans certains départements où le service des rentes viagères de la vieillesse a pris une grande importance, l'emploi de ces bulletins pourrait rendre la vérification de l'état de restes plus facile. Je ne verrais donc aucun inconvénient à ce que vous les fissiez établir pour votre usage, si vous en reconnaissiez l'utilité, à la condition qu'ils fussent considérés, non comme un des éléments de la comptabilité de mon administration, mais comme un simple moyen de contrôle pour vos bureaux.

II. Établissement d'états supplémentaires bi-mensuels.
Règles à suivre pour la tenue du registre permanent.

§ 11.
Suppression des états de rappels mensuels et des états d'accroissements trimestriels. Établissement, par quinzaine, d'un état supplémentaire.

Depuis le 16 mai dernier, je vous adresse deux fois par mois, et je vous transmettrai à l'avenir le 1er et le 16 de chaque mois, un état supplémentaire comprenant toutes les rentes inscrites pendant la quinzaine précédente, soit par suite de nouvelles émissions, soit par suite de réunions ou de rectifications, et indiquant en même temps, dans une colonne spéciale, le montant des arrérages rappelés sur chaque inscription nouvellement émise. A l'aide de ce document qui remplace les états de rappels mensuels et les états d'augmentation trimestriels, vous inscrirez directement les rentes sur votre registre permanent, comme accroissement de l'échéance suivante. Vous indiquerez en même temps, s'il y a lieu, dans les trois colonnes qui précèdent, cette échéance et en modifiant l'intitulé de ces colonnes :

1° La jouissance des rappels d'arrérages ; 2° leur montant, et 3° la date à laquelle ils seront payés.

Cette méthode évitera la double transcription que vous êtes obligé de faire actuellement et elle aura l'avantage de présenter sur une seule ligne la totalité des arrérages afférents à une même inscription.

Lors du renouvellement du registre quinquennal, en mars 1887, les nouveaux imprimés tiendront compte de cette modification, de manière à séparer nettement les rappels d'arrérages dus au moment de l'émission des titres, et les trimestres des diverses échéances.

A la fin de chaque trimestre, je vous transmettrai en outre un état supplémentaire pour les rentes inscrites dans un autre département et qui devront être payées à l'avenir à votre caisse, par suite du changement de résidence du rentier. Je vous adresserai en même temps le bordereau récapitulatif indiquant le montant de la prochaine échéance.

Le total des rappels d'arrérages compris sur les états supplémentaires devra être inscrit sur le carnet et sur la situation mensuelle dans les écritures du mois pendant lequel ces états ont été arrêtés, et non dans celle du mois de la mise en payement. Il en sera de même pour les arrérages portés sur les bordereaux récapitulatifs.

§ 12.
Règles à suivre pour la transcription sur le registre permanent des états supplémentaires afférents aux titres ordonnancés antérieurement dans d'autres départements.

Votre registre permanent comprendra donc, comme par le passé, d'une part des inscriptions nouvellement émises et portant des numéros d'ordre se suivant régulièrement, et d'autre part des titres ordonnancés antérieurement dans d'autres départements et dont les numéros d'ordre se répartissent indifféremment dans toutes les séries. Ces derniers s'intercalent ainsi dans les envois successifs qui vous sont faits, ce qui rend les recherches assez laborieuses. Certains comptables ne trouvant pas facilement sur le registre permanent les titres dont il s'agit lorsqu'ils leur sont présentés et croyant, à tort, qu'ils sont ordonnancés dans un autre département, s'adressent à mon administration ou établissent des demandes de payement par virement qui sont sans objet. Afin d'éviter ces inconvénients, il conviendra de répéter les numéros à l'encre rouge, à la place numérique qu'ils devraient occuper, avec un renvoi, soit au trimestre de l'accroissement, soit à la page du registre permanent si ce registre est folioté. J'attache beaucoup d'importance à l'accomplissement de cette prescription qui évitera des réclamations et des retards dans les payements.

§ 13.
Date de la mise en payement des arrérages ordonnancés.

Ainsi qu'il a été dit ci-dessus, les états supplémentaires vous seront adressés régulièrement, non plus à la fin de chaque trimestre, mais tous les quinze jours. Il sera essentiel, pour que cette mesure produise tous ses effets, de préparer les extraits du registre permanent destinés aux Receveurs particuliers et d'exécuter toutes les opérations nécessaires dès que vous aurez reçu ces états, de manière à ce que les rentiers puissent toucher les rappels d'arrérages qui leur sont dus au plus tard à la date assignée pour la mise en payement.

Je vous ferai observer d'ailleurs que cette date est fixée uniquement pour vous permettre d'effectuer les travaux préparatoires indispensables. Rien ne s'oppose à ce que vous payiez les rentiers avant cette époque, c'est-à-dire dès que vous aurez reçu les états supplémentaires, si vous le jugez convenable, et si vous êtes en mesure de le faire.

§ 14.
Mode de payement des rappels d'arrérages.

Les rappels d'arrérages doivent être payés en une seule fois. Ils doivent être inscrits en bloc dans la colonne n° 5 du bordereau modèle n° 6 joint à la circulaire du 31 août 1884 (1), et le montant indiqué sur ce bordereau pour chaque inscription doit toujours être égal à celui porté sur l'état supplémentaire. C'est donc à tort que certains comptables croient devoir répartir ces rappels entre les trimestres auxquels ils s'appliquent.

III. Modifications au service des payements par virements. Régles à suivre en cas d'oppositions.

§ 15.
Nécessité du visa sans opposition, dans le cas où un rentier demande à être payé dans un département autre que celui où la rente est ordonnancée.

Aux termes de la loi du 9 juillet 1836 (art. 13) : « Toutes saisies-arrêts ou oppositions sur des sommes dues par l'État, toutes significations de cession ou transport desdites sommes, et toutes autres ayant pour objet d'en arrêter le payement, doivent être faites entre les mains des payeurs, agents ou préposés, sur la caisse desquels les ordonnances ou les mandats sont délivrés. »

Ces dispositions sont applicables aux rentes viagères de la Caisse des retraites pour la vieillesse. Par suite, lorsqu'un rentier demandera à toucher à votre caisse les arrérages qui lui sont dus, et dont le payement a été précédemment assigné sur un autre département que le vôtre, vous devrez vous assurer qu'il n'existe dans ce dernier département aucun empêchement au payement.

Cette formalité doit être remplie, quel que soit le montant de la rente, et bien que la loi ait déclaré incessibles et insaisissables, jusqu'à concurrence de 360 francs, les rentes de la Caisse des retraites pour la vieillesse; car il importe de prévenir les faux payements qui pourraient être effectués par suite de la délivrance de nouveaux titres, ou au mépris d'un empêchement administratif.

---

(1) C'est par suite d'une erreur d'impression que cette colonne porte comme intitulé : « Montant de la rente », il faut lire : « Montant des rappels ».

La marche suivie pour les payements par virement des rentes perpétuelles ou des pensions servies par le Trésor ne peut être appliquée aux rentes viagères de la vieillesse, parce que, en ce qui concerne la Caisse des dépôts, les Trésoriers-Payeurs généraux ne sont correspondants ni entre eux ni avec le caissier général. Ces payements continueront donc à être rattachés à la comptabilité du préposé qui les aura effectués; mais afin que les rentiers puissent toucher sans retard les arrérages qui leur sont dus, j'ai décidé que l'envoi préalable des demandes à mon administration serait supprimé à l'avenir, et qu'il suffirait de me donner avis de l'opération.

Cette manière de procéder vous permettra d'assigner au rentier une date fixe pour le payement *qui devra avoir lieu huit jours au plus tard après la demande.*

En conséquence, quand le titulaire d'une rente viagère assignée payable dans un département autre que celui de la Seine demandera à être payé à votre caisse, vous adresserez directement à votre collègue une demande conforme au modèle ci-joint (n° 6), qui remplace les modèles n°s 1 et 2 joints à la circulaire du 31 mars 1884, et vous détacherez le talon A que vous me transmettrez le jour même, sans lettre d'envoi.

Cette demande devra vous être renvoyée sans délai par le Trésorier-Payeur général auquel vous l'aurez adressée, et après qu'il en aura pris note sur son registre permanent, dans les cases afférentes à chacun des trimestres dont le payement est réclamé. Il devra me transmettre en même temps, sans lettre d'envoi, le talon B.

Dans le cas où la demande ne vous serait pas parvenue le cinquième jour, vous adresseriez à votre collègue, afin d'éviter toute erreur, une lettre de rappel en l'informant que le payement aura lieu trois jours après, et, ce délai écoulé, vous effectuerez le payement, qui aura lieu alors aux risques et périls du Trésorier-Payeur général retardataire.

S'il s'agit d'une rente assignée payable sur Paris, la demande me sera transmise avec les deux talons, et je vous la renverrai ensuite revêtue du visa du caissier général de la Caisse des dépôts.

Une marche analogue sera suivie lorsque le rentier désirera toucher à Paris les arrérages d'une rente portée sur votre registre permanent. La demande, accompagnée du talon B, vous sera communiquée le jour même ou le lendemain par mon administration, et le payement aura lieu huit jours après la date de cette demande. Il sera donc nécessaire de me la renvoyer sans délai.

Dans le cas où il existerait des oppositions, il vous en serait transmis, soit par la Direction générale, soit par votre collègue, un extrait dont vous donneriez connaissance aux intéressés, pour qu'ils puissent se pourvoir à l'effet d'en obtenir la mainlevée. Le renseignement que vous auriez à leur fournir à cet égard pourrait être donné sur papier libre.

§ 16.
Suppression de l'envoi préalable des demandes à la Direction générale.

§ 17.
Payement, dans un département, d'arrérages assignés sur un autre département.

§ 18.
Payement, dans un département, d'arrérages assignés sur Paris.

§ 19.
Payement, à Paris, d'arrérages assignés sur un département.

§ 20.
Extrait d'opposition à transmettre, s'il y a lieu, en renvoyant la demande.

Comme corollaire aux dispositions qui précèdent, chaque préposé devra tenir par devers lui un registre spécial des oppositions qui lui seront signifiées sur les arrérages dus aux rentiers de la Caisse des retraites, et classer ces mêmes oppositions dans un dossier spécial, de façon à ce qu'il lui soit facile de les retrouver.

Les demandes devront figurer sur le carnet spécial prescrit par la circulaire du 31 mars 1884, § 4. Vous trouverez ci-joint un modèle de ce carnet (n° 7). Elles seront enregistrées par le Trésorier-Payeur général expéditeur à titre d'ordonnancement sur la page de droite, à la place où l'on inscrit aujourd'hui la lettre d'autorisation de payement. Le Trésorier général destinataire les inscrira sur la page de gauche, à titre d'annulation.

Les numéros d'ordre, qui devront se suivre sans interruption, seront renouvelés chaque année.

Chaque mois, les annulations et les augmentations de crédit résultant de ces opérations seront totalisées et reportées sur le carnet de situation (modèle n° 1).

Lorsqu'une demande ne sera pas suivie d'effet, soit parce qu'il existe une opposition, soit pour tout autre motif, le numéro d'ordre n'en sera pas moins conservé; la somme seule sera biffée, et une mention inscrite dans la colonne d'observations indiquera le motif de l'annulation.

Le Trésorier-Payeur général qui refusera de viser comme bon à payer, devra néanmoins inscrire pour mémoire cette demande sur son carnet et lui donner un numéro d'ordre, mais bien entendu sans faire figurer aucune somme dans les colonnes et en indiquant dans la colonne d'observations le motif de son refus. Ce motif sera également énoncé sur le talon B qui, dans ce cas, comme dans tous les autres, devra m'être transmis.

Les demandes non visées devront être annulées par le Trésorier-Payeur général expéditeur. Si le refus du visa provient d'une erreur commise dans la désignation du lieu d'ordonnancement, une nouvelle demande devra être établie sous un nouveau numéro et être adressée au Trésorier général du département où la rente est inscrite, en suivant les règles indiquées ci-dessus.

Par suite de ces mesures, vous n'aurez donc plus à recourir à la Direction générale que dans les cas fort rares où les renseignements portés sur les titres ne vous permettraient pas de reconnaître le lieu d'ordonnancement de la rente.

Lorsqu'il vous aura été signifié une opposition au payement d'arrérages ordonnancés sur votre caisse, cette opposition ne pourra empêcher le payement, si la rente n'atteint pas 360 francs. Toutefois vous ne devrez l'effectuer qu'après avoir demandé à mon administration si le rentier n'est pas titulaire d'inscriptions ordonnancées dans un autre département.

Si la rente est supérieure à 360 francs, le payement de la partie insaisissable des arrérages échus aura lieu dans les mêmes conditions. Quant à la portion saisissable, elle ne pourra être touchée sans le concours à la quittance du créancier opposant, ou la production, soit d'une mainlevée régulière, soit d'un jugement appuyé des certificats de signification et de non opposition, ni appel, et, s'il s'agit d'un jugement par défaut, des pièces constatant son exécution contre la partie défaillante dans les six mois de son obtention.

§ 25.
Versement à la Caisse des dépôts des sommes excédant la quotité incessible et insaisissable.

A défaut de justification, en temps opportun, d'un accord ou d'une mainlevée amiable ou judiciaire, vous aurez à faire dépense, au compte de la Caisse des retraites, de l'intégralité de la somme due, et en même temps recette, au chapitre : Consignations, de la portion saisissable.

La dépense sera justifiée par la quittance du rentier donnée pour la portion des arrérages qu'il aura personnellement touchée, et, pour le surplus, par le récépissé que vous vous délivrerez à vous-même comme préposé de la Caisse des dépôts et consignations.

La déclaration de versement que vous souscrirez à l'appui de la recette au compte : Consignations, énoncera que ce dépôt provient d'une rente viagère sur la Caisse des retraites pour la vieillesse, et vous vous conformerez, pour les autres formalités à remplir, aux règles tracées par les instructions relatives au service des consignations.

IV. Dispositions diverses.

§ 26.
Les payements de prorata après décès, les payements par virement et les rétablissements devront figurer sur un bordereau spécial.

Ma circulaire du 31 août 1884, § 17, vous a autorisé à inscrire à la fin du bordereau (modèle n° 6) les payements par virement et les rétablissements. Cette règle étant fréquemment inobservée, il y aura lieu de ne plus porter ces dépenses sur le bordereau principal, mais de les faire figurer sur le bordereau destiné aux décomptes d'arrérages, qui sera modifié conformément au modèle n° 4 ci-joint. Ce bordereau devra comprendre ainsi en première ligne les payements de prorata d'arrérages après décès, puis les payements par virement, et enfin les rétablissements. Il ne sera pas d'ailleurs nécessaire de totaliser chaque catégorie, il suffira de la séparer nettement par l'indication de la nature du payement.

Je rappelle que les quittances rejetées à titre provisoire doivent seules figurer sur ce bordereau comme rétablissements. Les dépenses rejetées à titre définitif ne peuvent être reproduites que comme opérations nouvelles et doivent, en conséquence, être inscrites sur le bordereau (modèle n° 6 de la circulaire du 31 août 1884).

§ 27.
Production d'un bordereau décadaire pour les remboursements de capitaux.

L'envoi, chaque dizaine, des pièces de dépenses relatives aux payemen d'arrérages ayant produit tous les résultats avantageux que j'en attendais, il convient d'employer à l'avenir le même mode de transmission pour les remboursements de capitaux. Vous aurez donc à m'adresser, les 5, 15 et 25 de chaque mois au plus tard, un bordereau conforme au modèle n° 5 ci-joint, accompagné des quittances et pièces justificatives concernant les opérations de cette nature effectuées pendant la dizaine précédente. Ces opérations pourront figurer en une seule ligne, par dizaine, sur votre relevé mensuel, mais elles devront être détaillées sur l'état (modèle n° 12 de l'Instruction du 15 octobre 1877) en suivant les règles fixées pour les payements d'arrérages par la circulaire du 31 août 1884, § 16, 3e alinéa.

§ 28.
Chaque demande de remboursement doit faire l'objet d'une lettre spéciale.

Malgré les recommandations qui leur ont été faites, certains préposés continuent à comprendre sur une même lettre collective des demandes de délivrances de titres de rentes et des demandes de remboursements. Ces affaires étant traitées dans des bureaux différents, il est essentiel, pour la régularité du service et la prompte expédition des mandats, que toute demande de remboursement de capitaux soit l'objet d'une lettre spéciale. Cette lettre devra indiquer clairement l'adresse de la personne à laquelle sera transmise la lettre d'avis d'autorisation de payement.

§ 29.
Rejet des demandes concernant les délivrances de rentes par voie de réunion.

La Caisse nationale des retraites ne délivrant plus de rentes par voie de réunion, vous devrez convertir en demandes ordinaires celles de l'espèce qui vous seront présentées. Vous préviendrez en même temps l'intéressé que la réunion ne pourra être opérée qu'après que les inscriptions délivrées antérieurement à son nom et le nouveau titre à émettre auront été ramenés à la même jouissance par la perception des arrérages échus.

§ 30.
Nécessité de vérifier les demandes de mutation.

Il arrive assez fréquemment que, parmi les titres transmis pour mutation, beaucoup ne portent pas l'estampille afférente au dernier terme échu, ou que, sur d'autres, contrairement à la circulaire de la Dette inscrite du 27 octobre 1882 (§ 7), des estampilles de payement se trouvent rayées, sans que cette annulation ait été approuvée par une mention dûment signée.

La régularisation des affaires de cette nature occasionnant des retards préjudiciables aux parties, je vous recommande de ne me transmettre que des demandes régulières. Quand il s'agit de rectifications portant sur le libellé du titre ou sur le montant de la rente, le livret du titulaire doit être joint à la demande.

§ 31.
Retrait des titres émis par suite de mutation.

Plusieurs Receveurs particuliers ne croient pas devoir demander à la Trésorerie générale les titres qui leur sont réclamés par des rentiers non munis d'une lettre d'avis de retrait; je vous rappelle à ce sujet que l'Administration ne transmet pas de lettres de cette nature quand il s'agit de titres émis, par suite de mutation, sur la demande des préposés.

Dans ce cas, lorsqu'après un délai de six semaines à compter du dépôt des pièces, les Receveurs particuliers n'ont pas reçu les nouveaux titres, ils doivent, sur la simple réclamation des rentiers, les demander immédiatement à la Trésorerie générale et en faire la remise aux intéressés dans le plus bref délai possible. S'il s'agit d'un remplacement de titre adiré, le délai de six semaines ne commence à courir que du premier jour du trimestre d'échéance qui suit celui dans lequel la demande a été formée.

Aux termes de l'article 26 de l'Instruction générale du 1er août 1877, la profession du déposant doit être consignée sur la déclaration de versement. Je vous recommande de ne pas omettre ce renseignement, surtout en ce qui concerne les dépôts effectués directement et, sans discuter les indications qui vous sont données, d'obtenir, s'il est possible, que, dans la même profession, la qualité d'entrepreneur ou de patron soit distinguée de celle d'ouvrier.

§ 32.
Indication des professions sur les déclarations de versement.

Je vous adresse ci-inclus, pour vous et chacun des préposés placés sous vos ordres, un nombre suffisant d'exemplaires de la présente circulaire. Je vous prie de m'en accuser réception et de me donner l'assurance que vous avez fait parvenir à ces préposés les exemplaires qui leur sont destinés.

Recevez, Monsieur, l'assurance de ma considération très distinguée.

Le Conseiller d'État, Directeur général,

Ad. DUFRAYER.

Modèle N° 1.

Circulaire du 1er juillet 1885,
§ 2.

ARRÉRAGES DE RENTES

DE LA

CAISSE NATIONALE DES RETRAITES POUR LA VIEILLESSE.

CARNET DE SITUATION

DES ORDONNANCEMENTS, ANNULATIONS

ET PAYEMENTS.

Demi-feuille carré.

DATES des OPÉRATIONS.	NATURE des OPÉRATIONS:	RAPPELS D'ARRÉRAGES.	ANNÉES ANTÉRIEURES.			ANNÉE COURANTE 188 .				TOTAL.
			188 .	188 .	188 .	1er MARS.	1er JUIN.	1er SEPT.	1er DÉC.	
1	2	3	4	5	6	7	8	9	10	11
			188 .	188 .	188 .	1er MARS.	1er JUIN.	1er SEPT.	1er DÉC.	
			4	5	6	7	8	9	10	11

Inscrire dans le cadre le numéro
du département.

CAISSE NATIONALE DES RETRAITES
POUR LA VIEILLESSE.

MODÈLE N° 2.

CAISSE DES DÉPÔTS ET CONSIGNATIONS.

Circulaire du 1ᵉʳ juillet 1885, § 3.

DÉPARTEMENT D

Mois d   188 .

SITUATION MENSUELLE, pour la Direction générale de la Caisse des dépôts et consignations, des ordonnancements, annulations et payements relatifs au service des rentes viagères pour la vieillesse.

	RAPPELS D'ARRÉRAGES.	ANNÉES ANTÉRIEURES.			ANNÉE COURANTE 188 .				TOTAL.	OBSERVATIONS.
		188 .	188 .	188 .	1ᵉʳ MARS.	1ᵉʳ JUIN.	1ᵉʳ SEPT.	1ᵉʳ DÉC.		
1	2	3	4	5	6	7	8	9	10	11
Solde au										
Ordonnancements reçus pendant le mois :										
1° Bordereau récapitulatif (montant du trimestre ua)..............										
2° Rappels d'arrérages compris sur les bordereaux supplémentaires.....................										
3° Bordereaux de réordonnancements...........										
4° Virements........................										
5°										
6°										
TOTAL..............										
Annulations. (Voir le détail d'autre part.)..........										
RESTE net.............										
Payements du mois, déduction faite des rejets........										
SOLDE au										

DÉTAIL DES ANNULATIONS.

1	RAPPELS D'ARRÉRAGES.	ANNÉES ANTÉRIEURES.			ANNÉE COURANTE 188 .				TOTAL.	OBSERVATIONS.
		188 .	188 .	188 .	1ᵉʳ MARS.	1ᵉʳ JUIN.	1ᵉʳ SEPT.	1ᵉʳ DÉC.		
	2	3	4	5	6	7	8	9	10	11
1° Prescription triennale (Circ. du 31 août 1884, § 5).										
2° Arrérages ordonnancés postérieurement au trimestre du décès....................										
3° Sommes annulées par suite de payements de prorata d'arrérages après décès...........										
4° Virements........................										
5°										
6°										
7°										
8°										
TOTAL des annulations........										

Modèle n° 3.

Circulaire
du 1er juillet 1885, § 4.

CAISSE
DES DÉPÔTS
ET CONSIGNATIONS.

CAISSE NATIONALE
DES RETRAITES
POUR LA VIEILLESSE.

N°

A , le 188 .

LE TRÉSORIER-PAYEUR GÉNÉRAL DU DÉPARTEMENT d

A Monsieur le Conseiller d'État,
Directeur général de la Caisse des dépôts et consignations.

MONSIEUR LE DIRECTEUR GÉNÉRAL,

J'ai l'honneur de vous adresser ci-joint extraits ou avis de décès mentionnés d'autre part.

Je vous indique en même temps le montant des ordonnancements qui m'ont été transmis depuis le trimestre qui a suivi celui du décès jusques et y compris l'échéance courante et qui devront être annulés, comme étant sans objet.

Demi-feuille tellière.

NOMBRE D'AVIS DE DÉCÈS.

DÉPARTEMENT

NUMÉROS des INSCRIPTIONS.	NOMS DES TITULAIRES.	MONTANT de LA RENTE annuelle.	DATE DU DÉCÈS.	RAPPELS d'arrérages.	ANNULATIONS		
					ANNÉES ANTÉRIEURES.		
					Année 188 .	Année 188 .	Année 188 .
1	2	3	4	5	6	7	8
			Totaux..........				

D

<table>
<tr><td colspan="4">SUR LES</td><td rowspan="2">TOTAL
des
ANNULATIONS.</td><td rowspan="2">OBSERVATIONS.</td></tr>
<tr><td colspan="4" align="center">ANNÉE COURANTE 188 .</td></tr>
<tr><td align="center">Trimestre
au
1er mars 188 .</td><td align="center">Trimestre
au
1er juin 188 .</td><td align="center">Trimestre
au
1er sept. 188 .</td><td align="center">Trimestre
au
1er déc. 188 .</td><td></td><td></td></tr>
<tr><td align="center">9</td><td align="center">10</td><td align="center">11</td><td align="center">12</td><td align="center">13</td><td align="center">14</td></tr>
</table>

DÉPARTEMENT

d

MODÈLE N° 4.

CAISSE DES DÉPÔTS ET CONSIGNATIONS.

Circulaire
du 1er juillet 1885; §§ 6 et 26.

CAISSE NATIONALE DES RETRAITES POUR LA VIEILLESSE.

PAYEMENTS SUR RENTES VIAGÈRES.

DÉCOMPTES D'ARRÉRAGES APRÈS DÉCÈS. — VIREMENTS. — RÉTABLISSEMENTS.

e DIZAINE DU MOIS d 188 .

BORDEREAU détaillé de quittances d'arrérages payés au chef-lieu, aux titres ci-dessus, pendant la dizaine précitée, et dans les arrondissements pendant la dizaine précédente.

NUMÉROS D'ORDRE des acquits.	NUMÉROS des CERTIFICATS d'inscriptions	NOMS ET PRÉNOMS des parties prenantes.	NATURE des PAYEMENTS. (1)	RAPPELS D'ARRÉRAGES.		ANNÉES ANTÉRIEURES.			ANNÉE COURANTE (TRIMESTRE AU)				TOTAL.	SOMMES ANNULÉES. (2)	OBSER- VATIONS.
				Jouissance.	Montant.	188 .	188 .	188 .	1er mars.	1er juin.	1er septembre.	1er décembre.			
1	2	3	4	5	6	7	8	9	10	11	12	13	14	15	16
		TOTAL...............													

(1) Décompte d'arrérages après décès.
Virements
ou Rétablissements.

(2) Ces annulations doivent représenter la différence entre le montant trimestriel de la rente et la somme payée sur le trimestre du décès.

Demi-feuille carré.

DÉPARTEMENT

d

CAISSE DES DÉPÔTS ET CONSIGNATIONS.

CAISSE NATIONALE DES RETRAITES POUR LA VIEILLESSE.

Modèle N° 5.

Circulaire
du 1er juillet 1885, S 27.

REMBOURSEMENTS DE CAPITAUX.

e Dizaine du mois d   188   .

Bordereau détaillé des mandats payés au chef-lieu pendant la dizaine désignée ci-dessus et dans les arrondissements pendant la dizaine précédente.

NUMÉROS des MANDATS. 1	NUMÉROS d s LIVRETS. 2	NOMS des TITULAIRES. 3	NOMBRE de PIÈCES justifica-tives. 4	REMBOURSEMENTS						TOTAL.	
				APRÈS DÉCÈS, de capitaux réservés.		DE VERSEMENTS IRRÉGULIERS.					
						Aliénés.		Réservés.			
				Parties. 5	Sommes. 6	Parties. 7	Sommes. 8	Parties. 9	Sommes. 10	PARTIES. 11	SOMMES. 12
		Totaux..............									

Demi-feuille tellière.

MODÈLE N° 6.

CIRCULAIRE
du 1ᵉʳ juillet 1885,
§ 17.

CAISSE
DES DÉPÔTS
ET
CONSIGNATIONS.

CAISSE NATIONALE
DES RETRAITES
POUR
LA VIEILLESSE.

N°   du carnet de payement par virement (ordonnancements).

Le payement aura lieu huit jours après la date de la demande.

Dans le cas où cette pièce ne serait pas parvenue la veille du jour fixé pour le payement à faire au rentier, ou l'avant-veille si l'échéance suit immédiatement un dimanche ou un jour férié, le payement sera effectué à la partie, aux risques et périls du Trésorier-Payeur général retardataire.

DEMANDE DE PAYEMENT,

dans le département d   , d'arrérages de rentes ordonnancées dans le département d   .

NUMÉROS	RENTE	RAPPELS D'ARRÉRAGES.		ANNÉES ANTÉRIEURES.			ANNÉE COURANTE 188 .				TOTAL.
DES INSCRIPTIONS.	ANNUELLE.	Jouissance.	Montant.	188 .	188 .	188 .	1ᵉʳ mars.	1ᵉʳ juin.	1ᵉʳ septembre.	1ᵉʳ décembre.	
1	2	3	4	5	6	7	8	9	10	11	12
ENSEMBLE....											

Transmis à M. le Trésorier-Payeur général du département d   pour visa sans opposition.

A   , le   188   .

(1) En cas d'empêchement, biffer la mention ci-contre et indiquer au-dessous le motif du refus de visa.

Vu sans opposition(1) et enregistré au carnet des payements par virement (annulations), sous le n°   .

A   , le   188   .

<table>
<tr><td>

TALON A.

—

A détacher et à transmettre à la Caisse des dépôts et consignations, en même temps que la demande de payement est envoyée pour visa sans opposition. (Circulaire du 1ᵉʳ juillet 1885, § 17.)

Le Trésorier-Payeur général soussigné a transmis ce jour au Trésorier-payeur général d   pour visa sans opposition, une demande de payement, inscrite au carnet des payements par virements (ordonnancements)., sous le n°   .

(Voir le détail d'autre part.)

A   , le   188   .

</td><td>

TALON B.

—

A détacher et à transmettre à la Caisse des dépôts et consignations après visa. (Circulaire du 1ᵉʳ juillet 1885, § 17.)

La demande de payement n°   transmise par le Trésorier-Payeur général du département d   lui a été renvoyée ce jour; cette demande a été enregistrée au carnet des payements par virement (annulations), sous le n°   , conformément au détail indiqué d'autre part. Elle a été (1)

(1) Visée sans opposition ou renvoyée sans visa. (Indiquer le motif.)

Dans ce dernier cas, la demande sera néanmoins enregistrée, mais le tableau d'autre part ne sera pas rempli, et aucune somme ne devra être portée sur le registre.

A   le   188.

</td></tr>
</table>

Demi-feuille tellière.

(1) Inscription n°   de F'
(2) Inscription n°   de F'
(3) Inscription n°   de F'
Au nom de

RAP-PELS D'ARRÉ-RAGES.	ANNÉES ANTÉRIEURES.			ANNÉE COURANTE 188 .				TOTAL
	188 .	188 .	188 .	1er mars.	1er juin.	1er septembre.	1er décembre.	
1	2	3	4	5	6	7	8	9
(1)								
(2)								
(3)								

(1) Inscription n°   de F'
(2) Inscription n°   de F'
(3) Inscription n°   de F'
Au nom de

RAP-PELS D'ARRÉ-RAGES.	ANNÉES ANTÉRIEURES.			ANNÉE COURANTE 188 .				TOTAL
	188 .	188 .	188 .	1er mars.	1er juin.	1er septembre.	1er décembre.	
1	2	3	4	5	6	7	8	9
(1)								
(2)								
(3)								

Modèle n° 7.

Circulaire du 1ᵉʳ juillet 1885.
§ 22.

CARNET DES PAYEMENTS PAR VIREMENT.

Demi-feuille carré.

ANNULATIONS de crédits par suite de demandes de payement transmises pour visa sans opposition.

NUMÉROS		DÉPARTE-MENT	DATE	NUMÉROS	RENTE	RAPPELS D'ARRÉRAGES.		ANNÉES ANTÉRIEURES.			ANNÉE COURANTE 188 .				TOTAL.	OBSERVATIONS.
d'ordre du département.	de la demande.	DANS LEQUEL la demande a été souscrite.	du VISA.	des INSCRIPTIONS.	ANNUELLE.	Jouis-sance.	Mon-tant.	188 .	188 .	188 .	1er mars.	1er juin.	1er septembre.	1er décembre.		
1	2	3	4	5	6	7	8	9	10	11	12	13	14	15	16	17

ORDONNANCEMENTS par suite de demandes de payement de rentes assignées payables dans un autre département.

NUMÉROS d'ordre de la demande.	DÉPARTEMENT DANS LEQUEL la rente est ordonnancée.	DATE de la DEMANDE.	NUMÉROS des INSCRIPTIONS.	RENTE ANNUELLE.	RAPPELS D'ARRÉRAGES.		ANNÉES ANTÉRIEURES.			ANNÉE COURANTE 188 .				TOTAL.	OBSERVATIONS.
					Jouissance.	Montant.	188 .	188 .	188 .	1er mars.	1er juin.	1er septembre.	1er décembre.		
1	2	3	4	5	6	7	8	9	10	11	12	13	14	15	16

ANNEXE A.

CAISSE DES DÉPÔTS ET CONSIGNATIONS.

CAISSE NATIONALE DES RETRAITES POUR LA VIEILLESSE.

NOMENCLATURE des pièces à produire au décès d'un déposant pour obtenir, soit le remboursement d'un capital réservé, soit la liquidation des arrérages.

I. En cas de remboursement du capital seulement :

1° Une demande de remboursement adressée, soit directement et sans affranchir, soit plutôt par l'entremise des receveurs des finances, au Directeur général de la Caisse des dépôts et consignations, à Paris;

2° Le livret du titulaire, si ce dernier en était détenteur à l'époque de son décès ;

3° Le certificat de réserve, s'il en a été délivré ;

Si l'une ou l'autre de ces deux dernières pièces est adirée, une déclaration de perte faite devant le maire, en présence de deux témoins;

4° Un certificat de propriété établi dans les formes et suivant les règles prescrites par l'article 6 de la loi du 28 floréal an VII, relatives aux transferts de la dette publique (loi de 1861, art. 9).

(Si le remboursement est demandé par un donateur réservataire, ce certificat n'est pas utile; il est exigé, au contraire, si la demande comprend, en même temps, un payement de prorata d'arrérages ou si elle est faite par les ayants droit du donateur prédécédé);

5° La copie *in extenso* de l'acte de décès du titulaire. On est dispensé de produire cet acte de décès lorsque le notaire donne *spécialement*, en tête du certificat de propriété, une copie (ou un extrait) dudit acte dont il déclare avoir une expédition dans ses minutes.

II. En cas de remboursement du capital et de liquidation des arrérages dus au décès :

Les mêmes pièces que ci-dessus et :

6° Le certificat d'inscription. S'il est adiré, une déclaration de perte relatant le numéro de l'inscription et faite devant le maire, en présence de deux témoins, par les ayants droit ou par l'un d'eux se portant fort pour les autres.

Le certificat de propriété doit, dans ce cas, énoncer que les parties ont droit non seulement au capital à rembourser, mais en outre aux arrérages de rente viagère échus au décès du titulaire de la rente.

III. En cas de liquidation des arrérages dus au décès seulement :

Produire, à l'appui de la demande, les justifications indiquées sous les n°s 4, 5 et 6.

Ces arrérages n'étant payables que dans le département où la rente était touchée, en dernier lieu, du vivant du rentier, la liquidation doit toujours en être demandée directement au Trésorier-Payeur général du département qui, seul, a qualité pour établir le décompte. Ce n'est que dans le cas où la rente était ordonnancée à Paris, que cette demande doit être faite au Directeur général de la Caisse des dépôts et consignations.

IV. En cas de payement de sommes ne dépassant pas 50 francs :

Il peut être suppléé aux pièces mentionnées ci-dessus par la production d'un certificat délivré par le maire de la commune où a eu lieu le décès, et dressé dans la forme du modèle que l'Administration tient à la disposition des maires.

Ce certificat devra toujours être accompagné d'un extrait de l'acte de décès lorsqu'il y aura des arrérages à payer.

Dans le cas où les arrérages sont inférieurs à 50 francs, l'acquit peut être donné par un seul des ayants droit se portant fort pour ses cohéritiers.

V. Observations sur l'établissement des pièces justificatives.

1. Les parties fournissent en outre, suivant les circonstances, les justifications que leur situation particulière rend nécessaires pour la validité du payement.

2. Toutes les pièces ci-dessus énoncées sont dispensées des droits de timbre et d'enregistrement, conformément à la loi du 18 juin 1850, article 11, et à la décision de M. le Ministre des finances du 7 février 1853.

Dispense des dro
de timbre et
d'enregistremen

3. Les expéditions d'actes de décès et les certificats délivrés soit par les notaires, soit par les maires, doivent être légalisés sans frais par le président du tribunal civil ou par le juge de paix, dans le cas prévu par la loi du 2 mai 1861. La légalisation ne serait pas nécessaire si ces actes émanaient d'officiers de l'état civil ou de notaires exerçant dans le département de la Seine.

Légalisation.

4. A l'étranger, les pièces justificatives doivent être légalisées, d'abord par l'autorité locale, et ensuite par un agent diplomatique ou consulaire français. Elles doivent en outre être traduites par un traducteur juré dont la signature sera légalisée par le président du tribunal près lequel il est assermenté.

5. Toutefois les actes passés dans tous les pays étrangers (l'Angleterre, les possessions anglaises et la République de l'Uruguay exceptées) peuvent être considérés comme valables, alors même qu'ils seraient traduits ou légalisés par les agents consulaires étrangers en France, au lieu de l'être par les agents consulaires français à l'étranger. Mais la signature des agents étrangers doit être légalisée à leur ambassade ou légation en France.

6. Tous les actes étrangers doivent être en outre, et en dernier lieu, légalisés ou visés au Ministère des Affaires étrangères à Paris.

7. Les légalisations par les agents consulaires français et au Ministère des affaires étrangères ont lieu sans frais lorsqu'elles sont spécialement requises pour la Caisse nationale des retraites.

8. *Certificat de propriété.* — Le certificat de propriété doit être délivré par le notaire détenteur de la minute, lorsqu'il y a eu inventaire, ou partage par acte notarié, ou transmission gratuite à titre de donation entre vifs ou par testament.

Certificat
de propriété
délivré
par le notaire.

9. S'il s'agit d'un testament, le certificat doit en indiquer la forme et relater, en cas de legs universel par testament authentique, l'acte de notoriété constatant que le défunt n'a pas laissé d'héritiers à réserve légale; et en cas de legs universel par testament olographe ou mystique, l'acte de notoriété susénoncé et l'ordonnance d'envoi en possession rendue en conformité de l'article 1008 du Code civil.

10. S'il s'agit de legs à titre universel ou de legs particuliers, le certificat doit relater l'acte de délivrance du legs fait conformément aux articles 1011 et 1014 du Code civil, ainsi que les actes constatant les noms et qualités des héritiers qui ont fait cette délivrance.

11. Le notaire doit être détenteur des minutes, expéditions ou extraits des pièces qu'il relate dans son certificat.

12. S'il n'y a ni inventaire, ni donation, ni testament, le certificat doit être délivré par le juge de paix du domicile du décédé, sur l'attestation de deux témoins. Il pourra encore être délivré par le juge de paix lorsqu'il ne fera que viser un contrat de mariage d'après lequel la veuve serait qualifiée de commune en biens.

Par un juge
de paix.

13. Si la propriété de la somme déposée est établie par un jugement ou un arrêt, le certificat doit être délivré par le greffier dépositaire de la minute du jugement ou de l'arrêt.

Par le greffier.

14. Le certificat de propriété doit énoncer les noms, prénoms, qualités et demeures des héritiers, ainsi que le degré de parenté et la portion du capital et des arrérages afférents à chacun des ayants droit; il doit en outre spécifier qu'ils ont seuls le droit de toucher de la Caisse nationale des retraites pour la vieillesse, la somme qui y a été déposée et, s'il y a lieu, les arrérages dus au décès du titulaire; il doit enfin indiquer si le rentier viager ou la rentière viagère est décédé célibataire, veuf ou veuve, ou si son conjoint lui a survécu. Dans ce dernier cas, le certificat doit mentionner si le conjoint survivant a droit, comme commun en biens, à partie de la somme déposée.

Ce que le certifica
de propriété
doit
énoncer.

Cas où il y a des mineurs parmi les ayants droit.

15. S'il y a des mineurs, il faut les distinguer des majeurs, les dénommer ainsi que leur tuteur, indiquer la date de leur naissance et relater la date de la délibération du conseil de famille qui a autorisé le tuteur à accepter sous bénéfice d'inventaire, au nom des mineurs, la succession du défunt, et la date de cette acceptation au greffe du tribunal civil. Si le certificat ne mentionne pas que le notaire est détenteur d'expéditions desdites délibération et acceptation, on devra en justifier à la Caisse. Toutefois cette acceptation ne serait pas nécessaire : 1° si le payement était fait collectivement à un ou plusieurs cohéritiers majeurs dans la même ligne, au même degré ou au degré subséquent, habiles à recueillir la part du mineur en cas de renonciation; 2° lorsque la somme à rembourser n'excède pas 500 francs, qu'il s'agisse d'un ou de plusieurs mineurs; 3° lorsque, pour une somme supérieure à 500 francs, la part de chaque mineur n'excédera pas 150 francs.

16. En cas de tutelle dative, le certificat doit énoncer la date de la délibération du conseil de famille qui a nommé le tuteur.

Cas où il y a des femmes en puissance de mari.

17. Si, parmi les ayants droit, il y a des femmes en puissance de mari, elles devront justifier, par la représentation des expéditions de leurs contrats de mariage, qu'il n'y a pas lieu à remploi des sommes qu'elles ont à recevoir. Cette justification ne sera pas exigée lorsque la part leur revenant sera inférieure à 150 francs.

18. S'il n'y a pas eu de contrat, il faudra produire l'acte de célébration de mariage qui, s'il est postérieur au 1ᵉʳ janvier 1851, devra contenir les interpellations et déclarations prescrites par la loi du 10 juillet 1850. Si le mariage est antérieur au 1ᵉʳ janvier 1851, les époux devront en outre déclarer que leur union n'a pas été précédée de contrat. Cette déclaration devra être signée par eux, et leurs signatures légalisées.

Procurations.

19. Si quelques-uns des ayants droit ne peuvent recevoir en personne, ils doivent transmettre leurs procurations à M. le Directeur général de la Caisse des dépôts et consignations. Ces procurations peuvent être sous seing privé et conformes au modèle ci-dessous; mais l'Administration se réserve le droit, lorsqu'elle le juge à propos, de réclamer des procurations notariées en brevet. Elles doivent nécessairement être notariées lorsque le mandant ne sait pas ou ne peut pas signer. Dans tous les cas, ces procurations doivent être légalisées.

MODÈLES.

Modèle de certificat de propriété à délivrer par un juge de paix aux héritiers d'un déposant.

Je soussigné (*nom et prénoms*), juge de paix de......... département de......... certifie en exécution de la loi du 28 floréal an VII, sur l'attestation des sieurs (*nom, prénoms, qualités et domiciles des témoins*), qu'après le décès de (*mettre ici les nom, prénoms, domicile et qualités du déposant décédé*), arrivé le.............. à (*où il demeurait, rue.............. n°......),* dans l'étendue de mon arrondissement, il n'a point été fait d'inventaire, et qu'il n'a laissé pour seuls et uniques héritiers que (*noms, prénoms, domiciles et qualités des héritiers, et proportion dans laquelle chacun d'eux est héritier*);

Et qu'en cesdites qualités, ils ont seuls le droit de toucher et recevoir la somme de........ versée à capital réservé sur le livret n°.......... au compte de M.......... et la totalité des arrérages qui peuvent être dus et échus jusqu'au jour du décès d   titulaire de la rente viagère dont il jouissait sur la Caisse nationale des retraites pour la vieillesse, suivant le ou les extraits d'inscription au grand-livre des rentes viagères numérotés.................. de francs   .....

En foi de quoi j'ai délivré le présent à la réquisition des héritiers (ou de l'un d'eux se portant fort pour les autres).

Fait à.................... ce.....................

Et ont lesdits témoins (et déclarants) signé avec moi après lecture.

Nota. — Si des rentes échues n'ont pas encore été délivrées, le certificat devra conclure au payement des arrérages dus sur le ou les titres à émettre au nom du *de cujus.*

Le certificat de propriété devra être revêtu du sceau de la justice de paix.

Modèle de procuration.

Je soussigné (*nom et prénoms*)............. donne, par les présentes, pouvoir à M. (*nom et prénoms*)........ demeurant à......... de toucher pour moi et en mon nom la part me revenant tant sur le montant des sommes versées à la Caisse nationale des retraites pour la vieillesse, au compte de M............ décédé titulaire du livret n°.........., que sur les arrérages échus à son décès et d'en donner bonne et valable quittance.

A , le 188 .

Cachet de la mairie.

Vu pour légalisation de la signature de M.
A , le 188 .
Le Maire de la commune de

Cachet de la préfecture ou de la sous-préfecture.

Vu pour légalisation de la signature de M.
maire de la commune de
A , le 188 .

Le Préfet ou le Sous-Préfet,

www.ingramcontent.com/pod-product-compliance
Lightning Source LLC
Chambersburg PA
CBHW061654050726
47598CB00004B/1575